FRIDOLIN

BOGOMIL

Ursula Kirchberg, geboren 1938, studierte an der Werkkunstschule ihres Geburtsortes Hamburg Zeichnen, Malerei, Schrift und Typografie. Schon früh begeisterte sie sich für die Illustration von Kinderbüchern. Der besondere künstlerische Reiz liegt für sie dabei im großen Format und der Möglichkeit des Spiels mit intensiven Farben. Bereits seit 1970 erscheinen Kinderbücher, die ausschließlich aus eigenen Ideen entstanden sind. Die Themen ihrer Bücher findet Ursula Kirchberg mit einem offenen Blick für das Geschehen in der Umgebung, in der sie lebt. Ihre Kinderbücher sind zeitgemäß und mit pädagogischem Gehalt. Sie selbst begreift ihre Bücher als „Fantasieangebote für das Kind", die zum Erzählen anregen und zu einer „Auseinandersetzung mit der eigenen Erlebnisumwelt führen" sollen. Ursula Kirchberg scheut sich nicht, auch für kleinere Kinder schwierige Themen zu verarbeiten. Das Besondere dabei ist, dass es ihr gelingt, stets eine positive Sichtweise einzunehmen und Lösungswege aufzuzeigen. Vielleicht ist gerade das ein Grund, warum ihre Illustrationen und Bücher bis heute breite Anerkennung finden und ausgezeichnet wurden, u.a.:

Deutscher Jugendliteraturpreis, Auswahlliste

- 1968 : Die alte Linde Gundula
- 1969 : Isidor und Adebar
- 1977 : Fridolin
- 1979 : Selim und Susanne

Andere Auszeichnungen

- 1971 : Premio critici in erba, Bologna, für Dagobert
- 1984 : Kinderliteraturpreis der Ausländerbeauftragten der Stadt Berlin
  für Selim und Susanne

3. Auflage, 2023
© TALISA Kinderbuch-Verlag, Hannover 2012

Projektleitung, Desktop Publishing: Aylin Keller

Druck und Bindung: FINIDR, Tschechien

www.talisa-verlag.de
ISBN 978-3-939619-22-2

Ursula Kirchberg

BOGOMIL

Dieses Buch gehört:

....

TALISA
KINDERBUCH-VERLAG